TABLEAUX ANCIENS

PORCELAINES

DÉPENDANT DE LA COLLECTION

De M. le Baron Van H...

18 mars 1881

14 P.

CATALOGUE

DE

TABLEAUX ANCIENS

ET DES

PORCELAINES

DE LA CHINE ET DU JAPON

Dépendant de la Collection de M. le baron Van H...

DONT LA VENTE AURA LIEU

HOTEL DROUOT, SALLE N° 8

Le Vendredi 18 Mars 1881

A DEUX HEURES PRÉCISES

Par le ministère de Me **CHARLES PILLET**, commissaire-priseur,
10, rue de la Grange-Batelière,

Pour les objets d'art : **M. CH. MANNHEIM**, expert, 7, rue Saint-Georges.

Pour les tableaux : **M. F. FÉRAL**, Peintre-Expert, 54, faubourg Montmartre.

Chez lesquels se trouve le présent Catalogue.

EXPOSITIONS { PARTICULIÈRE : le Mercredi 16 Mars 1880,
PUBLIQUE : le Jeudi 17 Mars 1880,

DE UNE HEURE A CINQ HEURES

CONDITIONS DE LA VENTE

Elle sera faite au comptant.

Les adjudicataires payeront *cinq pour cent* en sus des enchères

L'exposition mettant le public à même de se rendre compte de l'état des objets, il ne sera admis aucune réclamation une fois l'adjudication prononcée.

Paris. — Typ. Pillet et Dumoulin, 5, rue des Grands-Augustins.

DÉSIGNATION

BACKHUYSEN

(LUDOLF)

1 — Marine.

Les eaux légèrement agitées sont vivement éclairées, au premier plan, par une échappée de soleil. Une barque de pêcheur est ballottée par les vagues; vers le centre, un navire de guerre portant le pavillon hollandais, les voiles gonflées par le vent, fuit vers le fond.

A l'horizon, quelques bateaux.

Signé du monogramme.

Remarquable tableau, d'une exécution franche et ferme qui a fait supposer à plusieurs connaisseurs qu'il pourrait être une œuvre de W. van de Velde.

Toile. Haut., 74 cent.; larg., 64 cent.

BERGEN

(DIRK VAN)

2 — Animaux dans un paysage.

Une vache se frotte contre un vieux saule qui est au bord d'une mare ; à droite, auprès d'une palissade, deux brebis et leurs petits ; au second plan, un cheval ; à gauche, un berger et une bergère se reposent à l'ombre de quelques arbres.

Signé du monogramme.

Provient des collections de Groeninghe et Meffre.

Toile. Haut., 52 cent.; larg., 40 cent.

BOTH

(ANDRÉ ET JEAN)

3 — Site d'Italie.

Sur la gauche, des coteaux boisés et quelques constructions ; au centre, un bouquet d'arbres se détachant sur un ciel doré : au pied, des broussailles et des plantes à larges feuilles.

Sur un chemin, un vieux mendiant demande l'aumône à deux muletiers; des arbres au bas de rochers élevés; vers le fond, à droite, un lac, des villageois montés sur des mulets. A l'horizon des montagnes.

Superbe tableau de premier ordre, d'un ton blond et doré et de la plus parfaite conservation.

Signé en toutes lettres.

Toile. Haut. 73 cent.; larg., 99 cent.

DAVID

(LOUIS)

4 — Portrait de jeune femme.

285

De grandeur naturelle, vue jusqu'à la ceinture, la tête de trois quarts tournée vers la droite; cheveux châtains, robe en soie blanche décolletée avec écharpe. 350

Belle esquisse.

Toile. Haut., 60 cent.; larg., 47 cent.

DROUAIS

(HUBERT)

5 — Charles Ferdinand Stuart, Milord de Finmouth, Marquis de la Jamaïque; âgé de onze ans. Fils unique de Son Excellence Monseigneur le duc de Berwick.

Il est vu à mi-corps, jouant du luth, la tête presque de face, les cheveux blonds légèrement poudrés; il porte un élégant costume espagnol en soie noire avec bouffettes de satin bleu et petit manteau; collerette tuyautée et manchettes en guipure.

Ce ravissant portrait a tout le charme des plus belles œuvres de l'artiste.

Toile ovale. Haut., 71 cent.; larg., 60 cent.

GUIDO RENI

6 — La Sibylle.

De grandeur naturelle, vue à mi-corps, robe grise à ornements jaunes, les épaules nues, elle lève la tête regardant le ciel; sur une table, devant elle, est un brasero en argent qu'elle découvre.

Belle peinture du maître, d'une parfaite conservation.

Toile. Haut., 1 m.; larg., 75 cent.

HAUNEMAN

(ADRIEN)

7 — Portrait d'homme.

De grandeur naturelle, vu jusqu'à la ceinture, la tête de trois-quarts tournée à droite, cheveux châtains tombant sur les épaules, large col blanc rabattu, vêtement noir; la main gauche sur la poitrine.

Signé et daté.

Toile. Haut., 85 cent.; larg., 65 cent.

INNOCENSA DA IMOLA

8 — La Vierge et l'Enfant Jésus.

La Vierge est assise, l'Enfant est couché sur les genoux de sa mère.

Bois. Haut., 60 cent.; larg., 40 cent.

JACQUAND

(CLAUDIUS)

9 — La Dîme.

Une jeune châtelaine debout vient apporter à des religieux des œufs, du beurre, etc.; un vieux moine inscrit sur un registre, un petit domestique prend dans un panier les provisions offertes par la jeune femme.

Toile. Haut., 1 m. 25 cent.; larg., 95 cent.

LARGILLIÈRE

(NICOLAS DE)

10 — Portrait de jeune femme.

Elle est assise dans un paysage, accoudée sur un socle de pierre, sous les attributs de Diane; vêtue d'une robe en satin blanc, avec pardessus en soie rouge. Plusieurs chiens sont auprès d'elle; vers le fond, on aperçoit ses suivantes.

Toile. Haut., 70 cent.; larg., 56 cent.

LEDOUX

(PHILIBERTE)

11 — Petite fille en buste.

Elle est vue de dos, tournée vers la droite, les cheveux blonds, vêtue d'une robe rougeâtre avec capuchon blanc en mousseline.

Toile. Haut., 40 cent.; larg., 30 cent.

LOOTEN

(JEAN)

12 — Paysage.

Sur le devant, une mare, un petit paysan assis tient une ligne ; au centre, un cavalier et un chasseur suivi de ses chiens ; sur la droite, de grands arbres aux troncs noueux et aux feuillages touffus ; sur la gauche, au second plan, des chaumières et une percée laissant voir un pays plat, découvert, fuyant avec montagnes à l'horizon.

Toile. Haut., 1 m. 30 cent.; larg., 95 cent.

MIGNARD

(PIERRE)

13 — Portrait de Marie-Marguerite de Cossé-Brissac, Duchesse de Villeroy.

Elle est vue jusqu'à la ceinture, de trois quarts, tournée vers la droite ; chevelure brune bouclée, robe marron foncé avec ornements brochés or et bordée de fourrure ; elle a la main droite sur la poitrine.

Toile. Haut., 78 cent.; larg., 61 cent.

MORO

(ANTONIO)

14 — Portrait d'homme.

(Vente J. B. Auguiot.)

Bois. Haut., 17 cent.; larg., 14 cent.

OOST

(JACQUES VAN le vieux)

15 — La Vierge, l'Enfant Jésus et le jeune saint Jean.

La Vierge, de grandeur naturelle, vue jusqu'aux genoux, tient l'Enfant qui est debout sur un socle de pierre ; à gauche, le jeune saint Jean, ayant son agneau, présente à l'Enfant Jésus la banderolle où se trouve l'inscription : *Ecce agnus Dei.*

Belle peinture, dans le sentiment de van Dyck et rappelant une œuvre de ce maître, qui se trouve au musée de Munich.

Toile. Haut., 2 m. cent.; larg., 1 m. 20 cent.

RIGAUD

(HYACINTHE)

16 — Portrait d'un magistrat.

Vu jusqu'à la ceinture, la tête de trois quarts tournée à droite ; perruque châtain, vêtement noir avec rabats blancs.

Toile ovale.

Haut., 72 cent.; larg., 58 cent.

ROBERT

(HUBERT)

17 — Deux panneaux décoratifs faisant pendants.

1° Rochers et chute d'eau coulant en cascades, au premier plan.

2° Obélisque au pied duquel deux femmes et un enfant causent avec un vieillard assis sur un fragment de corniche brisée.

Collection Oppenheim.

Toile. Haut., 2 m. 90 cent.; larg., 1 m.

RUYSDAEL

(JACQUES)

18 — Le Château de Bentheim.

Au premier plan, des arbres coupés jetés au bord d'une mare ; un peu plus loin, une haie se détachant sur des rochers élevés vivement éclairés par le soleil ; au-dessus, des chênes au feuillage vert et doré ; vers le fond, le château, au sommet d'une colline ; au-dessous, une chute d'eau tombant dans une rivière. Quelques villageois se reposent au bord d'un chemin.

Signé du monogramme.

Collection du comte de Turenne (1852).

Toile. Haut., 62 cent.; larg., 48 cent.

RUYSDAEL

(SALOMON)

19 — Environs de Dort.

A gauche, quelques arbres courbés se détachant sur un ciel nuageux ; au-dessous, des vaches sur un monticule auprès d'une barrière formée par des pieux ; au second plan, à droite, des animaux au repos sur le bord d'un cours d'eau sinueux que longe un bateau. A l'horizon, des clochers.

Beau et harmonieux paysage de l'artiste.

La *Gazette des beaux-arts* a cité ce tableau en 1873 et l'a désigné comme un des meilleurs de ce maître.

Bois. Haut., 65 cent.; larg., 48 cent.

SCHALKEN

20 — Allégorie de la vie.

Un génie, couronné de roses, voltige sur des nuages faisant des bulles de savon ; à sa gauche, une tête de mort et une bougie qui brûle renversée.

Ravissant petit tableau de l'artiste, de la plus grande finesse, digne du pinceau de Gérard Dow.

Provient de la collection van Slingeland. Cité dans Descamps, *Vie des peintres*, tome III, page 144.

Décrit dans le *Catalogue raisonné*, de Smith, tome IV, page 276, n° 32.

Bois. Haut., 20 cent.; larg., 15 cent.

SOOLMAKER

21 — La Ferme.

Au centre, une femme se dispose à traire une chèvre, tout en causant avec un berger debout tenant un âne par le licou ; à gauche, des moutons au repos auprès d'un vieillard assis ; à droite, un puits ; au second plan, un homme s'éloigne monté sur un mulet.

Provient de la collection Georges; 1861.

Bois. Haut., 48 cent.; larg., 36 cent.

TOURNIÈRES

(ROBERT)

22 — Portrait d'homme.

Vu jusqu'à la ceinture, la tête de trois quarts tournée vers la droite ; grande perruque poudrée retombant sur les épaules, habit violacé, jabot en guipure et grand manteau en velours rose.

Toile. Haut., 80 cent.; larg., 64 cent.

TOURNIÈRES

(ROBERT)

23 — Portrait de Marie-Sophie-Victoire, comtesse de Noailles.

Vue à mi-corps, de grandeur naturelle.

Toile ovale. Haut., 00 cent.; larg., 00 cent.

VOUET

(SIMON)

24 — Louis XIII, roi de France.

Debout et en pied, sur une terrasse, de grandeur naturelle, la tête nue ; il porte une cuirasse avec large col orné de guipure et écharpe blanche nouée au côté, tenant une canne, la main gauche appuyée sur son casque qui se trouve placé sur une table avec ses gantelets.

Fond avec draperie et paysage sur la gauche.

Toile. Haut., 2 m. 20 cent.; larg., 1 m. 60 cent.

VOUET

(SIMON)

(PENDANT DU PRÉCÉDENT)

25 — Anne d'Autriche, reine de France.

Voir 24

Elle est vue en pied, de grandeur naturelle, tournée vers la gauche ; vêtue d'une robe noire légèrement décolletée, collier de perles et riche bijou au corsage ; la main droite sur la poitrine, un mouchoir à la main gauche. Deux roses sont sur une table, auprès d'elle.

Fond avec draperie et paysage.

Toile. Haut., 2 m. 20 cent.; larg., 1 m. 60 cent.

WITTE

(EMMANUEL DE)

5100 26 — Intérieur d'Eglise.

10.000

La voûte élevée, le premier plan dans la demi-ombre, le fond vivement éclairé par le soleil. La chaire sur la droite. Au premier plan, un moine cause avec un personnage vêtu de noir assis sur un banc ; au centre, un peu sur la gauche, deux seigneurs suivis par un jeune valet et un lévrier ; à gauche, un mendiant reçoit l'aumône d'une dame qui est vue de dos.

Dans le fond, le chœur, l'autel au-dessous d'une haute fenêtre, un prêtre dit la messe, de nombreux personnages y assistent.

Superbe et important tableau de l'artiste, d'une parfaite conservation.

Toile. Haut., 1 m. 08 cent.; larg., 84 cent.

ÉCOLE FRANÇAISE

27 — Portrait d'homme. 85

De grandeur naturelle, assis, vu à mi-corps, il porte une perruque poudrée, un habit violet avec cravate blanche et manchettes de dentelle; ses deux mains sont appuyées sur une canne. 150

Toile. Haut., 80 cent.; larg., 64 cent.

ÉCOLE FRANÇAISE

28 — Portrait d'un prince du sang. 590

Il est assis, vu à mi-jambes, de trois quarts tourné vers la droite; le bras droit appuyé sur une console. Il porte un riche vêtement en velours grenat brodé d'or, le grand cordon, la plaque du Saint-Esprit et l'ordre de la Toison-d'or. 800

Toile. Haut., 1 m. 56 cent. ; larg., 1 m. 25 cent.

AUBIN

(G.)

40 29 — Jeune femme en toilette de soirée.
200

Collection d'Artevelle. — Bruxelles, 1867.
Pastel.

Toile. Haut., 1 m. cent.: larg., 80 cent.

DÉSIGNATION DES OBJETS

PORCELAINES DE CHINE
ET DU JAPON

30 — Belle garniture de cinq pièces, potiches et cornets en ancienne porcelaine de Chine, fond bleu uni et décor d'oiseaux, de fleurs et de lambrequins en or. Les couvercles de potiches sont surmontés de chimères assises.

Haut: des potiches, 58 cent.

31 — Deux grandes et belles potiches à couvercles en ancienne porcelaine du Japon à riche décor en bleu, rouge et or.

Haut., 75 cent.

32 — Grande potiche à pans et à couvercle en ancienne porcelaine du Japon à riche décor de fleurs, d'oiseaux et d'ornements en bleu rouge et or.

Haut., 92 cent.

33 — Potiche analogue à celle qui précède, celle-ci est décorée de figures de femmes dans des médaillons.

Haut., 75 cent.

34 — Deux vases en forme de balustre à couvercle en ancienne porcelaine de Chine, décor bleu à compartiments de fleurs et de paysage. Socle tourné en bronze doré.

Haut. totale, 56 cent.

35 — Grosse potiche à couvercle, à décor de même style.

Haut., 58 cent.

36 — Deux jolis plats ronds à bords festonnés en ancienne porcelaine de Chine, décorés en émaux de la famille verte à compartiments de personnages au pourtour et offrant au centre les armes de Hollande.

37 — Deux plats analogues à ceux qui précèdent, ceux-ci offrent au centre un sujet familier.

38 — Deux plats ronds en ancienne porcelaine du Japon, à décor en bleu, rouge et or. Ils offrent au fond un vase de fleurs.

39 — Bol rond en ancienne porcelaine de Chine, à fond bleu et décor d'or.

40 — Trois bols en ancienne porcelaine du Japon, à décor de fleurs, d'ornements en bleu, rouge et or.

41 — Deux bols analogues à ceux qui précèdent, mais plus petits.

42 — Deux plats ronds en ancienne porcelaine de Chine, décorés d'un paysage au centre, et de compartiments de fleurs au marli.

43 — Plat rond en vieux Japon, décoré de fleurs en bleu, rouge et or.

44 — Sept plats ronds de même porcelaine et de décor analogue. Au fond, un vase de fleurs.

45 — Deux plats analogues à ceux qui précèdent.

46 — Deux plats ronds en ancienne porcelaine de Chine, décorés de fleurs et d'ornements en émaux de la famille rose.

47 — Plat rond en ancienne porcelaine de Chine, décoré de volatiles au centre, et de coquilles et d'ornements variés au marli.

48 — Sept assiettes en ancienne porcelaine de Chine décorées en émaux de la famille rose, à corbeille de fleurs au centre, et ornements au marli et à la chute.

49 — Huit assiettes de même porcelaine décorées de fleurs et de fruits en émaux de la famille rose.

50 — Dix assiettes en ancienne porcelaine du Japon, à décor de fleurs et d'ornements en bleu, rouge et or.

51 — Deux assiettes en ancienne porcelaine de Chine, décorées en émaux de la famille verte, à fleurs et ornements.

52 — Cinq assiettes en ancienne porcelaine de Chine, à décors variés en émaux de la famille rose.

53 — Assiette en ancienne porcelaine de Chine, décorée d'un oiseau au centre et au marli, de poissons et d'oiseaux en rouge et or, sur fond à grecques noires.

54-57 — Quarante-sept soucoupes variées de décors. Ce lot sera divisé.

58 — Deux flambeaux formés chacun de deux petites coupes superposées en vieux Chine, à fond bleu et or, avec monture en bronze doré.

59 — Plat rond en ancienne faïence de Deruta, à décor à reflets métalliques rehaussé de bleu. Au centre de l'ombilic l'agneau pascal, au pourtour rayons, fleurs et imbrications.

60 — Plat rond en ancienne faïence hispano-mauresque, à décors à reflets métalliques.

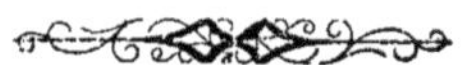

www.ingramcontent.com/pod-product-compliance
Ingram Content Group UK Ltd.
Pitfield, Milton Keynes, MK11 3LW, UK
UKHW020539180726
13839UKWH00006B/2600